محمد جدو الدرديري

رسائلُ البَرْقِ

شعر

إصدارات دائرة الثقافة، حكومة الشارقة 2024 م

الناشر: دائرة الثقافة ـ حكومة الشارقة ـ الإمارات العربية المتحدة

الهاتف: 5123333 6 971+

البرَّاق: 5123303 6 971+

الموقع الإليكتروني: www.sdc.gov.ae

البريد الإليكتروني: sdc@sdc.gov.ae

811.9624

د م. ر

الدرديري ، محمد جدو

رسائل البرق / محمد جدو الدرديري.ـالشارقة، الإمارات العربية المتحدة : دائرة الثقافة، 2024.

104 ص؛ 21X14 سم.

1 ــ الشعر العربي ــ السودان ــ دواوين وقصائد

أ ــ العنوان

ISBN:978-9948-767-107

التَّرقِّي مِن المَنْفى

بُكَائِيَّةٌ بِمَعْزِلِ الفَيتُوري

صَدَّقتُ حُزنَـكَ في المَنفَى ولا عَجَبُ

فكيفَ نِمـتَ وقد بَاعُـوكَ، واحتَجَبُوا

وهل رَسَـمْتَ على أَسـلاكِ أَعيُنِهِمْ

مِعـرَاجَ وَحْيِـكَ عِرفانـاً لينتسبوا؟

لقـد تَسَـرَّبَ منكَ الشِّـعرُ في دَمِهِم

وأنـتَ تَغرَقُ في المَرْقَى وتَحتَسِـبُ

وتَمْسِـكُ الضَّـوءَ كي يَغفوا لتسألَهُمْ

فَهَلْ أَسِفتَ على... صَدَّقتَ من كذبوا؟

سَامَرْتُ نِصْفَكَ في الأَسْفارِ مُنتَحِباً

لَكَمْ عَجِبتُ لِمَن عَـادُوكَ وانتَحَبُوا

تآكَلُـوا بَعضَهُـمْ، أَفتَـوا لِسَـامِرِهِم

وكَانَ سَـامِرُهُم يَسْطُو وينسَـحِبُ

فَينحِتُـونَ لَـهُ أُفْقاً علـى وَرَقٍ

وصُـورَةٌ في غِـلافِ اللَّيـلِ تَنتَحِبُ

تَحَرَّكَـتْ نَحوَهُـمْ ظَنُّـوا خَطِيْئَتَهُمْ

نُبُـوءَةً في مَقَـامِ الرُّوحِ تَقْتَـرِبُ

مُعَلِّقِيـنَ على الأوْهـام وِجهَتُهم
تَسَـابَقُوا في غَمَامِ الشَّـكِّ، مَا كَسِـبوا

وبَاحِثِيـنَ بِقَـاعِ الجُـبِّ عَـن وَطَـنٍ
ولا دَلِيـلَ لِهَـذا الجُـبِّ؛ فانحَجَبُـوا

وإنَّ «بَيـرُوتَ» مَـن أَبـدَتْ مَفَاتِنَهَا
لَيسَتْ بـ«بَيرُوتَ» مَن في حُسْنِهَا كَتَبُوا

وأنـتَ وَحْدَكَ في «بَغـدَادَ» مُرتَقِياً
تَجثُـو المَنَابِرُ في عَينَيـكَ، والرُّتَبُ

بَنَيتَ مَجدَكَ شرقَ الشَّمسِ؛ فانحَسَرَتْ
كَوَاكِبٌ قَبــلَ ذَا تَبـدُو، وتَلتَهِبُ

تَبكِــي فَتَسـقُطُ مِــن عَينَيـكَ أَسـورَةٌ
فَوقَ التُّرَابِ؛ فَيَبكِي الشِّعـرُ، والأَدَبُ

ضَجَّتْ سَمَاؤُكَ بِالأشعَـارِ قِيلَ: هُدىً
ـ لقــد وُلِدتَ مَـع المَولُودِ يا «رَجَبُ»

وكُنتَ وَحْدَكَ في الفُلكِ التي مَخَرتْ
وقــد تَخَلَّــقَ منــكَ الخَلقُ، مـــا رَكِبُوا

مَرَرْتَ بالمَـلإِ المَعصُوم قُلـتَ: كَذَا

لَسَوْفَ أعـرُجُ نحـوَ الله؛ فَارتَقِبُـوا

سَـمَاؤكَ العَـدَمُ المَنفِـيُّ مـا خُلِقـتْ

ولا يُضِيْـرُكَ هـذا الآسِـنُ اللَّـزبُ

بُعْـدانِ، سِـرُّهُمَا غَيْـبٌ على عَـدَمٍ

وأنـتَ فـي مَهْـدِكَ الغَيْبِـيَّ تَنسَكِبُ

مَشَـيْتَ لِلأمـلِ المَحجُوبِ عَـن غَدِنَا

قَـرَأتَ للمَوتِ شِـعراً أيُّهـا الغَضِبُ

صَرَخْتَ فِيهِ، تَعَافَى مِنكَ؛ فَانكَسَرتْ

زُجَاجَــةُ العُمرِ، كَانَ الأمــرُ مَا يَجِبُ

ضَحِكتَ فِي المَعْزِلِ المَهْجُورِ فَانطَفَأَتْ

مَسَــارِجُ السِّــرِّ فِي عَينَيكَ، والشُّهُبُ

مايو- 2017م

بلاء المحبين

فَرَاغٌ عَلـى الأورَاقِ يَنمُـو فَيَطبَـعُ

بُـرُوقـاً بِخَـدِّ الـرِّيـحِ، والـرِّيـحُ تلمَعُ

فَغَاضَـتْ عُيُونُ الشِّـعرِ وارتـدَّ طَرفُهَا

كَأَنَّ اشتِعَالَ اللّيـلِ في النُّـورِ أدمُـعُ

أَعُـدُّ إلـى السَّـمْرَاءِ، مَـا عَدَّ رَاهِبٌ

لِخـلوَتِـهِ؛ لَمَّـا رَأى الحُـسْنَ يُخْلَعُ

لَـو أنَّـكِ يـا سَمْرَاءُ كَسَّـرتِ رُؤيَتِي

لَمَـا قُلـتُ لِلأحـلامِ طَرْفُكِ يَلسَعُ

لَفَجَّرتُ فِي فَجرِ اللِّقَاءَاتِ مَنطِقِي
لَقُلتُ لِسِفْرِ الآتِي: وَجهُكِ مَرجِعُ

تَلُوحِينَ لِي «كالخَضْرِ» فِي جبهَةِ السَّنَا
وَفَحْوَايَ فِي «مُوسَى» وَعيناكِ «يُوشَعُ»

بِأَيِّ الصُّخُورِ السُّمْرِ أُغرِقُ آدَمِي؟
وقـد قَادَنِـي فِي الحُلْـمِ نَحـوَكِ مَوضِعُ!

أُخَبِّـئُ فِيـهِ الحُبَّ مِنِّـي، وأَختَبِي
لَعَـلَّ اضطِـرابَ المَـوج عِنـدَكِ يَهْجَعُ

وصَـدْرِي بَقَايَـا الْحُلـمِ فِي كَهـفِ نَظرَة

تَشَـتَّتَ فِـي الدَّيْجُـورِ، والصُّبـحُ يَجمَعُ

وصَـوتُـكِ نَـاقُـوسٌ يَـدُقُّ بِخَـافِقِـي

يُسَـافِرُ فِي عُـرْيِ الخَيَـالِ وَيَسـجَعُ

وثَـغْـرُكِ قِنـدِيلٌ يُـفَـجِّرُ مُقلَتِي

وأُخْـرَى بِشِـقِّ مَيِّـتِ الحِسِّ يَسْـمَعُ

أُخَضِّـبُ بَيْـتَ الشِّعْرِ في كَفَّ عَاشِـقٍ

لأُحْظَى بِشَـوقِ الكَفِّ في الكَـفِّ يَدمَعُ

تَهُمِّينَ بِـيْ فِـي الذِّكـرِ تِـسـعِينَ مَـرَّةً
وقـد قُـوبِـلَـتْ بالتِّـسْـعِ والتِّـسْـعُ أَرفَـعُ

أَرَاكِ ولَمْـعُ البَـرْقِ في أحـرُفِ الصَّـدَى
بِرِجْلِـكِ خَلْخَـالٌ مـن البَرقِ أنصَـعُ

أقـولُ، وَصَمـتُ اللَّيلِ يَغْطِـسُ في فَمِي
لِمـن هَـذِهِ الحَسـنَاءُ تَرنُـو وَتَسـمَعُ؟

يُجَـاوِبُـنِي وقْـعُ السُّـؤالِ إلـى متى
بَلاؤُكَ فَـوقَ الأرضِ في الحُـبِّ أوجعُ؟

10 أبريل 2018م

الغُرْبَةُ المَلْسَاء

هَل يَكْشِفُ البَرْقُ عَن ضِحْكَاتِ أَسِئِلَتِي؟
كَيْ أَسْتَعِيدَ بُكَاءَ الصَّمْتِ في لُغَتِي

أَم هُدْنَـةُ الرِّيـحِ فَتـحٌ حَالِكٌ وَغَداً
تَعُـومُ في الكَـونِ حَولِـي آيَـةُ العَنَتِ؟

رَبَّـاهُ، لَمْ أَلـقَ لِي صُبْحاً لأُبصِرَنِي
مُسْـتَيْقِظاً مُنـذُ خَلـقِ الطِّينِ مِن سِـمَتِي

دَفَعْـتُ أَثـمَـنَ أنفَـاسِي لِقَـا سِنَـةٍ
وَمَـا ظَفِـرتُ، وَبَـاعُ الكَـفِّ مَنزِلَتِي

رَأَيْتُ حُزْنِي صَدِيقِي يَتَّقِي صِلَتِي
كَمِثْلِ مَا تَتَّقِي الأمْوَاجُ بَوصَلَتِي

أَرُوحُ آخِرَ فَجْرٍ يَنتَهِي شَفَقِي
فَألمسُ الرِّيـحَ أُورَاماً لِفَلَسَـفَتِي

هَبَطْتُ فِي ظُلْمَـةٍ مُحْمَرَّةٍ سَقَطَتْ
تَحتِي المَسَافَاتُ، فَارَتْ في اللَّظَى صِفَتِي

كَأَنَّنِي جَائِعٌ والسَّبْعُ تَأْكُلُنِي
وَسَـائِلُ الشَّمسِ حَلْـوَى ذَوَّبَـتْ رِئَتِي

وَكُلَّمَـا انهَـدَّ جُرْفٌ بَانَ لِي شَبَحٌ
وَشَدَّنِي لِـهَـلاكٍ، أو رَمَـى جِهَتِي

بِـفَـارِغِ حَـارِقٍ حَـوَّلْـتُـهُ زَبَـداً

وَذَا كَمَالِـيَ عَيْـبٌ فَـوقَ مَنقَصتِـي

لِـمَـن سَـأدفَـعُ فَحْـوَايَ الَّتِي جَهَـدَتْ؟

وَهَـل حَقيقَـةُ مَوتِي صَـوتُ صَلْصَلَتِي؟

أُطَالِـعُ اللَّـوحَ لَـمْ أكـذبْ؛ وذا كَذِبـي

لَـرُبَّـمَـا حُرِّفَـتْ أَسْـمَـاءُ أَزْمِـنَـتِي

أَجِئْـتُ مِـن شِـدَّةِ الأوْجَـاعِ مُحتَرِقـاً؟

أَفُـكُّ ضِمادَتِـي مِـن ثَـوبِ بَلْبَلَتِـي؟

أَم جِـيْءَ بِي في رَمَادِ الشَّـحْمِ فَانقَشَـعَتْ

دُمَـى الخُرَافَـاتِ مِـن تَأْثِيـرِ مِنْسَـأَتِي

أَنَـا السَّجِـيَّـةُ والـطُّـوْفَـانُ أُحجِيَتِي
وَذِي سَفِينَةُ مَـن عَـاشُـوا بِمَركبَتِي

تَقُودُنِـي الغُربَـةُ المَلْسَـاءُ فِي فَلَكٍ
يَـدُورُ بِـي في فَـرَاغِ الشَّــكِّ مِــن ثِقَتِي

كَفِّـي جَرِيــدٌ تَـكَادُ الـرِّيــحُ تُشْعِلُهُ
لَـولا اخضِـرَارِيَ مِـن مَـاءٍ بِمَسْغَبَةِ

فَوقِـي جَلِيـدٌ، وَصَيـفٌ حَـارقٌ، وَيَـدٌ
تُشِيرُ نَحْـوِي؛ فَيَفْنَى الكَونُ فِي سَـعَتِي

1 مايو 2017م

تَتَبُّعٌ لآثارِ أنثى

كانـت تُخاطِرُ لـم تستشعِرِ الخَطَرا
وفـي يديهـا خُيُـوطٌ تَرْتِـقُ الإبَـرا

حاولـتُ أَفهَـمُ، لكن قُدرتـي عَجِزَتْ
أَنْ كيـفَ تُرجِعُ بِنـتٌ مُسـلِماً كَفَرا؟

وكان يدعـو قَبِيـلاً كـي يُنَاصِرَهُ
ويشـربُ الخمـرَ مَزْهُـوّاً إذا سَكِرا

لَـهُ إلَـهٌ غَنّـي كـان يَشتِمُهُ
إنْ لـمْ يَجِـدْ مُبْتَغَاهُ الخمـرَ والوَطَرا

فـسَبَّحَ اللهَ قبل الكُفرِ منكسراً
وسَـبَّحَ الكُفرَ بعـد الله فانكسـرا

في ليلةٍ لـمْ يَـزُرْ وحياً لِسَـيِّدَةٍ
خَيَـالُـهُ، أو تَـغَشَّى حُـلمُهُ بشرا

جـاءت لتُخبـرَه أثنـى على عَجَلٍ
أن لا يُكـذِّبَ في الأحلامِ مَن سـيرى

فَنَـامَ ليلَتَهُ صَـحـواً على أملٍ
لكنَّهُ عَـدَّدَ الأنـهـارَ والـجُـزُرا

هُنــاكَ أبصَرَ بِنتـاً بيـن مُخمَلِها
يمشـي الحَيـاءُ فتمشـي خَلفَـهُ لترى

حتـى إذا ذَابَ فـي الأثواب مَيسَـمُها
وذوَّبَـتْ قلبَـهُ مـن حينهـا انشطرا

يا أنـتِ، مَن أنتِ؟ لو تَدرينَ بي وجَعٌ
أُفقِـدتُ من فَرطِهِ الأسـمَاعَ والبَصَرا

قالـت: ودِينُـكَ؟ قـال: الديـن مَنبَعُهُ
أَنْ لـو مَـدَدْتِ إلَـيَّ اللَّحظَـةَ الأثَـرا

مــا أوجَـعَ الحُـبَّ مَكتُومـاً بأضلُعِنا
لو شَــقَّ صدراً كَتُوماً ســالَ وانتشرا

لـكان حلواً؛ ولكـن في الهَوى بشــرُّ
يُجَـرِّحُ البُعـدُ فـي إقدامِهـمْ بَشَــرا

صَحَــا من الموتِ مَذعُــوراً فطمأنَهُ
أن لــوْ رَآهَا، رَآهَــا الحُلمَ؛ فانتظرا

وكان فـي السُّـوقِ مَـوَّالٌ لأحجِيَـةٍ
يُكلِّـمُ النَّــاسُ فيــه النَّــاسَ والحَجَــرا

كأنَّ حُسـناً ورَاءَ الشَّــمسِ مُختَبِئاً
وأنَّ وجـهَ مَلِيـكٍ خَلفَـهُ اسـتَتَرا

مَشــى إليـهِ وحـيداً رَافِـعــاً يَـدَهُ
ومِشــعَلُ الضَّــوءِ في أَحَدَاقِه انصهَرا

كانــت أصابعُهُ بيضـاءَ راعشـةً
حتــى تَغَيَّبَ فــي الآصَــالِ واندثرا

وخَلَّــفَ الشَّـوقَ أطنانــاً مبعثَـرَةً
فمــن يُرتِّــبُ شـوقاً بَعضُهُ اشـتجرا

ومِــن يُعيدُ سَمَاواتٍ مُصَدَّعَـةٍ
من الثُّقُوبِ، وصَـدَّتْ دُونَها العُمُرا؟

28 سبتمبر 2021م

محاولة للصعود إلى حجرة المتنبي

مَـاضٍ إِلَيْـكِ كَمَـاضٍ وَانتَهَى سَـفَري
يُدَاعِـبُ الـدَّربَ ظِلِّـي فَوقَـهُ أَثَري

تَلُـوحُ لِـي قُـربَ بَـاب الأفْـق نَاقِلَـةٌ
مُـكْتَـظَّـةٌ بِـطِـلاءِ الـغَـدرِ والـقَـدَر

أَمْعَنْـتُ فِيهَـا لَعَمْـرِي كُنْـتُ مُبْتَسِماً
فَمَـا رَأَيْـتُ سِـوَى قَبْـرِي وَمُقْتَبِـري

فَـدُرْتُ خِلْفِـي طَعَنْـتُ اللَّيْـلَ فَانبَجَسَـتْ
مِنهُ النَّهَـارَاتُ، مِلْءَ الأرضِ فِي بَصَري

فَكِدْتُ أُغْشَـى مِـنَ الإبْرَاقِ في جَسَـدِي
مِـن شِـدَّةِ الوَهْـجِ، لا مِـن شِـدَّةِ الخَدَر

مَشَـيْتُ فِـي جَسَدِ الإشْـعَاع مُنْجَرداً
فَمَـا عَبَرتُ سِـوَى شِـبْرَيْنِ مِـن عُمُري

وَكُلَّمَـا جُـزْتُ سَـقفَ الأرضِ مُنْفَلِتـاً
تُعِيدُنِـي مَسْـحَةُ الأطيَـانِ للبَشَـرِ

رَمَيتُ ظِلِّـي بِجَـوفِ اللَّيـلِ في نَفَـق
لِكَـي أَطِيـرَ إلـى مَنْفَـايَ كَالْحَجَـرِ

لِكَـيْ أُصَـادِفَ نَفْسِـي فِـي تَفَجُّرِهَـا
نُوراً؛ لِيَبرُقَ عَتـمُ الْمَاسِ مِـن مَدَري

وَضَعْتُ كَفِّي عَلى أَكْتَافِ أَزمِنَتِي
فَمَـا رَفَعْتُ، ولا قَامَتْ بِهَـا قُطُري

وَحِينَمَـا مَـدَّتِ الأكْـوَانُ لِي وَطَناً
رَفَعـتُ كفِّي فَبَانَـتْ فِي السَّـمَا صُوَرِي

والَّهُونِـي شَـبَابٌ كُنـتُ أَصْغَرَهُـمْ
وعَلَّقُونِـي عَلـى الأبـوَابِ، والجُـدُرِ

كـأَنَّنِي شُبْـهَةٌ، واللهِ يَعْصِمُنِي
لله حَسْبُكَ مِـنْ أشْـبَاهِ (بِـنْ حَجَرِ)

فَلَيْتَ (عَسْقَلَ) يا(مَرُّونُ) تَلْفِظُهُـمْ
كَمَـا لُفِظْـتُ إلى المَنْفَـى مَعَ السَّـحَرِ

نُودِيْـتُ عِنـدَكِ يـا (مَـرُّونُ) فَاستَبقي
مُـدِّي الصِّرَاطَ لِعَونِي؛ طَمَّسُـوا بَصَري

أبَحَـرتُ نَحوكِ، والصَّحرَاءُ بَيـنَ يَدِي
وصَفْحَـةُ الكَـونِ ظِلِّي، والمَـدى أُطُري

لَمَسْـتُ سَحْرَكِ، فَأستَأثَرتُ غُربَتَنَـا
وَهَـا مَـدَدتُ إليـكِ الأُفـقَ، فَانصَهِـري

وكلِّمِيني لَعَلِّي أَلتَقِي بَشَرِي
وَلَتَقْرَئيني كَلَحْنِ المُقْرِئ «الحُصَري»

أَغُوصُ فِي غَدِكِ المَأْثُورِ يَلزَمُنِي
بَحْرُ المَجَانِين، بَيـنَ الجَـزْرِ والجُزُرِ

فَلَـمْ أجِـدْكِ، وهَـا ذَا الآنَ مِلْتُ إِلـى
فَحْـوَى الظِّلالِ بِكَهْفِ المَـاءِ فِي الحَجَرِ

بَعْثَـرْتُ ظِلَّـكِ فَـوقَ المَاءِ؛ فانكَشَـفَتْ
لِـيَ المَسَـافَةُ بَيـنَ الشَّـمْسِ والقَمَـرِ

15 أبريل 2017م

ثلاثةُ شُروخٍ في ذاكرةِ الحَدْسِ

(1)

شُرود

حُزنِـي قَدِيمٌ، وَخَطـوِي فَرَّ مِن قَدَمِي
لَيْلِـي سَـجِينٌ بِقَلبِي فِـي ذُرَى عَدَمِي

أَمْشِـي إلى الحُلْمِ أَبْكِـي فِيهِ يَرفُضُنِي
أَعُـودُ لِلحِلْـمِ لَـمْ أرجِعْ إِلـى حُلُمِي

فَسِرتُ نَحْوَ ضَجِيجِ الصَّمتِ فاختَلَطَتْ
رُؤَى الهُتَافَاتِ في مُسْـتَنقَعِ العَـدَمِ

وَهَالَني الشَّـوفُ، أنِّي صِرتُ مُلتَحِماً

مَـعَ المَجَـازَاتِ، لِلآتِيـنَ مِـن قِـدَمِ

مَـا لِي أُصَدِّقُ لَكِـن لا يُصَدِّقُنـي

إلّا الفَـرَاغُ الـذِي فِـي طَيِّـهِ نَدَمِـي

وَقَفْتُ أَشْـرَبُ من صِدقِي ومُعضِلَتِي

والنَّائِبَـاتُ أَرَاقَـتْ خَمْرَهـا بِدَمِـي

فَـلا الزَّمَـانُ فِرَاشِـي كَـيْ أُرَصِّعَهُ

بِنَاعِـمِ الهَمْـسِ مِـن تَعويـذَةِ الكَلِـمِ

وَلا الفَضَاءُ غِشَاءٌ فِي تَصَلُّبِهِ
يَرُدُّ عَنِّي سُقُوطَ الثَّلجِ والرَّضمِ

تَدنُو السَّمَاءُ رُوَيداً حِينَ تَسمَعُنِي
أُرَدِّدُ الحُزنَ أَشعَاراً بِلا سَأَمِ

صَوتِي الحُبُورُ الَّذِي أُسقِيتُهُ قُبَلاً
كَمَا سُقِيتُ دَوَاءَ الشِّعرِ بِالقَلَمِ

فَازْدَدْتُ إذ ذُقتُ مِن تَهوِيمِهِ أَلَماً
حَرَائِقاً تَلْتَقِي فِي المُوقَدِ الضَّرِمِ

حَولِــي الخَطَايَا التي أشْـــعَلتُهَا فَخَبَتْ
فَبَــانَ حُزنِــي جِريحاً غَيْرَ مُحتَشِــم

نِصفِــي الفَقِيرُ الـذي قَايَضْتُهُ سَفَهاً
أَعَــادَ لِــيْ نِصْفِــيَ المَثْقُوب بالسَّــهَم

نَظَــرتُ طُولَ غِيَابِي كُنتُ فِي شُــهُبٍ
تَــكَادُ تَغْــرَقُ فِي نِصْفَينِ مِــن حِمَم

إنِّي لأصرخُ، حَجْمُ الضَّوءِ يَحجُبُني
فَلتَضرِبُونِيْ بلَيْلٍ لانطِفَاءِ فَمِي

تَذَكَّرُونِـي شَـرِيداً فِـي مَبَاهِجِكُـم
أُجَرُّ فَوقَ سَرَابِ الأسْوَدِ السَّـحِم

صَنِيعُكُـمْ مِـن ثيـاب الظُّلْمِ يُلبِسُـني
هَشَاشَـةَ العُمْـرِ فِـي تَلْويحـةِ الظُّلَـم

(2)

عجز

يَقُـولُ لِـي صَاحِبِي: قَد كُنـتَ مُخْتَبِئاً

وَرَاءَ عَجـزِكَ، فِي قَـارُورَةِ القَلَـم

بِـأَيِّ سَطْرٍ سَـتَبْكِي لَـن تَـرى نَفَقاً

تَسِـيلُ فِيـهِ دُمُوعُ الحُـزنِ مِـن أَلَم

كَاذَ ارتِقَـاؤُكَ فِي الآصَالِ يُشْـنَقُ مِن

أَرَائِـكِ المَهْـدِ، حَتَّـى قِمَّـةِ الهَـرَم

هَذَا سَبِيلُكَ فَاسْمَعْ: طِينَتِي صَدِئَتْ
مِن قَبل؛ فَاحْكُم عَلى مَن شِئْتَ بِالصَّمَم

وَاشْـرَبْ عَبِيـرَكَ، أو فَارتَـدَّ مُعْتَنِقاً
دِيـنَ المَلـذَّاتِ، ما لِلشِّعْرِ مِـن حُرَم

أنـا الغَنِيُّ الـذِي شَـاخَتْ مَدَارِكُـهُ
تَيَبَّـسَ الشِّـعرُ في جَنبَـيَّ كَالدَّلَـم

(3)

انفلات

سَـمِعتُ نُصحَكَ يـا خِلِّي فَدَرْوَشَـنِي
فهـل يَمُوتُ فَصِيـحُ النُّصـحِ باللُّجَمِ؟

كَـم ظامِئٍ في جُروفِ المَـاءِ تَضربُهُ
أَصابِـعُ الرَّمـلِ فَـوقَ النّبعِ بالشَّمَمِ

جَـدَاوِلُ المَـاءِ غَرْقـى في مَحَاجِرِهِ
مَـرَارَةُ الطَّعـمِ فيهـا مَوْرِدُ الهِمَمِ

دَعْنِي أُخَبِّئُ خَلفَ الرَّسْمِ أَشـرِعَتِي
لَعَـلَّ نهراً عَمِيقاً يَحتَسِيهِ فَمـي

لَعَلَّنِـي أَنْتَهِـي لـلا أَسـاسَ لَـهُ
أُوَسِّـسُ الرَّغْبَـةَ الأولى مِـن الصَّمَم

وأُدرِكُ الوقـتَ فـي العُنوانِ حَاشِـيَةً
كَـيْ أَستَلِذَّ بِشِعرٍ بالنِّسَـاءِ رُمِـي

عَطشَى الرِّياحُ، إذا مَا جُزْتُ أَرصِفَتِي
سَتَشـرَبُ الرّملَ مِنّي خَشْـيَةَ النَّسَـم

لَسَوفَ أَسبَحُ في جَوفِ الضَّبابِ صَدىً

لِتَسبَحَ الرِّيحُ في يَمِّ الهَوا الهَرِمِ

وأَجـرَرُ الوقـتَ كَي أَلقَى مُعذِّبَتي

تَتلُـوْ المُجُـونَ عَلى مَشَّـاطَةِ الحَشَـمِ

بَينـي وبينَـكِ يَـا مَـرُّونُ مُتَّسَـعٌ

مِـن الفَرَاغَـاتِ في تَهويمَـةِ القَتَـمِ

أكتوبر 2018م

ذاتي الأخرى

سَـقَطتِ بَرقاً، تشَـظَّى اللَّيلُ؛ فانبَجِسِي
دُونَ اليَبَـاسِ تَـوَارَتْ أَعيُـنُ الغَلَـسِ

شَـرَارَةُ المَـاءِ مَرّتْ فَانطَوى زَمَني
وَدَّعْتُ رُوحِي فَغَاصَ المَوتُ في قَبَسِي

قُلتُ: احتَرَقْتُ، لَمَستُ النَّارَ؛ فانصَهَرَتْ
وسَـالَ مِنهَـا لُعَـابُ الـرَّوعِ كَالدَّلَـسِ

قَلبِي عَصِـيٌّ وعَهدِي الآنَ سَيِّدَني
أَنَّـى اتجَهـتُ تَهُـبُّ الرِّيـحُ مِن نَفَسِي

هَـلْ أَشـرَبُ الأرضَ كَيْ ألقَاكِ سَـابِحَةً

بَيـنَ الضُّلُـوعِ، كَبَحْرٍ صُبَّ في اليَبَسِ

كُونِـيْ صَقِيعـاً بِلُبِّـيْ وأرتَدِي جَسَـدِي

وَلْتَسْـلَخِي الأرضَ مِنِّـي قبـلَ مُلتَبِسِـي

لَيْـلانِ في نَفَـقٍ، مَـا زِلْـتِ جَارِحَـةً

حتَّـى الظَّـلامُ تَـوَارَى خَلفَ مُنعَكِسِـي

أَضْحَـى بَوَجهِـكِ لي قَمَـرَانِ في مُدُنٍ

نَهْرَيْهِمَـا مِـن شَـفِيفِ الكَوثَـرِ القُدُسِـي

فَأَقْدَمَتْ نَجمَةٌ سَوداءُ تَدهَسُني

لَمْ تَلتَقِمْ ضَوْءَهَا المَطمُورَ في رَجَسي

وصِحْتُ في الصَّمتِ، كَانَ الصُّوتُ مُنغَمِساً

بِمَعبَدٍ مِن رَمِيم الفَجرِ في عَسَسي

فَنِمْتُ في لُجَّةٍ لِلحُسنِ أَلبَسني

قَطِيفَةً مِن قَشِيبِ الصُّبح؛ فانغَرسي

في مَعدِني جُذوةٌ حَمرَاءُ فاصلةٌ

بين السَّرابِ وقَوسِ اللَّيلِ، فالتَمِسي

ومُـذ نَصَبتُـك فـي الأرجـاءِ سُـرَّتَها
نُـصِبتُ قَبلـكِ فـي الأكـوانِ للخُنُـسِ

مَتَـى اقترفتُـكِ فظـاً كنـتُ، أو حَـدِبـاً
علـى الخطيئـةِ؛ قـد يَرتَجّ في جَرسي

قَـوسُ اللُّغَـاتِ، وأُذنـي كُلَّمَـا نَفَـرتْ
تَكَـوَّمَ القهرُ فيهـا، قَـرَّ فـي أُسُسـي

أنـا ابتَعَثتُـكِ شَـكاً فـي مُضَلِّلَتـي
صِرتِ الضّلالَ وصَارتْ أدمُعِي فَرَسِي

فبراير 2015م

مُؤَانَسَةٌ أَزَلِيَّةٌ مَعَ الأَنِيسِ الدَّائِم

سَمَوتَ، والكَونُ بَيتٌ فِيكَ يَرتَحِلُ

وَلَــمْ تُحِطْ بِسَمَاءٍ قَبلَكَ الرُّسُلُ

صَحِيحَــةُ العَقلِ في الأرجَــاءِ راجِلَتي

تَسِــيرُ نَحوَكَ أضوَاء، فَهَــلْ تَصِلُ؟

تَكَحَّلتْ مِــن غُرُوبِ الشَّمسِ، وادَّكرتْ

لَرُبَّمَــا سَــدَّها عَن حَوضِكَ الحَجَــلُ

فَسِــرْتُ، والسَّهمُ خَيطٌ مِنـكَ يَجذِبُنِــي

كَــأَنَّما فِضَّــةٌ في النُّــورِ تَشتَعِلُ

كَانَ الوجُودُ وَحِيداً لا أَنِيسَ بِـهِ
حَتَّى أَتَيْتَ بِـأُنْسٍ مَـا لَـهُ مَثَلُ

نَظَـرْتَ فِـي فَلَـكِ الأكـوَانِ فَانبَجَسَتْ
مِـنْ نُـورِ وَجْهِكُمُ الأنـهـارُ، والنُّـزُلُ

والسَّـائِرُونَ غُـرُوبٌ، والطَّرِيـقُ دُجَىً
وَهَـا أَنَـا فِـي سَـنَا فَحْـوَاكَ لِـي أَمَـلُ

حَرفِـي نِـدَاءٌ لِـصَبـرِي، والثَّـرَى قَلَمِي
ومُهجَتِـي مِـن نَـدَاكَ الشَّـاعِرُ الرَّجُـلُ

هُنَـالِكَ الرَّأَفَـةُ الأُولَـى عَلـى مَلإٍ
مِـنَ الـخَـلائِـقِ، والـتَّـارِيخُ مُنشَغِلُ

وقـد تَـكَلَّـمَ رَبُّ النَّـاسِ عَـن بَـشَرٍ
لأنـتَ خيـرُ كليـمٍ، خَيرُ مَن نَزَلُـوا

وَقَفـتَ كَالجَبَـلِ المُرْسَـى عَلـى أُفُـقٍ
تُكَلِّـمُ النَّـاسَ مِـن أَعلـى الـذي عَقَلُـوا

كَانُـوا عُـرَاةً مِـنَ الأفـكَارِ فادَّرَعَـتْ
فـي أُسِّ أَفكَارِهِـم أَفكَارُ مَـن رَحَلُـوا

أَمْسَـكَتَهُم مِـن جَنَـاحِ الـرَّانِ فَانتَبَهُـوا
لَمَّـا تَجَلَّـى لَهُـمْ مِـن غَيِّهِـمْ جَفَلُـوا

تَلَوَّنَـتْ مِـن جِـرَابِ الجَهـلِ أَسْـوِرَةٌ
مِـن الدُّخَـانِ، عَلـى العَرشِ الـذِي فتَلُوا

وأَغـلَقُـوا عَـن مَـرَايَـا النُّـورِ أَفئِـدَةً
مِـنَ الصَّفَـاءِ، فَخَانُـوا العَهدَ وانشَـغَلُوا

بِـأُسْـوَةٍ لَـمْ تَـزَلْ تَرتَـجُّ فِـي قَلَـقٍ
فَجَرَّهُـم من شَظَايَا غُبْنِهِم فَشَلُ

تَحَزَّبُوا فِرَقاً مِن قَبلِ أَن يَصِلُوا
إِلــى هُـدَاكَ، وقـد أَعيَتْهُـمُ السُّبُلُ

أَتَيتَهُـم مِـن شُـمُوعِ الوَحـيِ، تُمْطِرُهُـم
فَضلَ السَّـمَاءِ علـى البَطْحَاءِ؛ فانذَهَلُوا

وكَانَ آخِـرُ جِلْـفٍ فـي التُّـرَابِ هَـوى
إِلى الحَضِيضِ فَقَالُوا: «شَــاعِرٌ» – بَطَلُ

وَقَــالَ قَائِـلُـهُم: للشِّـعرِ مَنـزِلَـةٌ
وقَـولُـهُ لَـمْ يَكُـنْ بِـالشِّعرِ يَتَّـصِلُ

- مَـاذَا نَـقُولُ وهَـذا المَوجُ يَذْهَمُنَا؟

لَـمْ تُغِنِنَـا عَـن سِـيَاطِ الحِكمَـةِ الحِيَـلُ

وزَخرَفُـوا الجِنَّ، والأسـحَـارَ في لُغَةٍ

وَلا حُـروفَ؛ فظَنُّـوا خَيـرَ مَـا فَعَلُـوا

لأنَّـهم ظُـلمَةٌ في اللَّيـلِ تَشرَبُـهُم

دَوائِـرُ الفَـجرِ، والأنـوَارُ تَغتَسِلُ

فِـي نَهرِ سَيِّدِنَا المُسْـجَى إذِ انفَجَرت

مَدائِـنُ الضَّـوءِ واهتـزَّتْ، وَهُـم أَفَلُـوا

خَـلا زَمَانُهُمُـو والأرضُ قَـد حَبِلَـتْ

بِـعَالَمٍ خَـرَّ مِـن طُغيَانِهِ الجَبَـلُ

لَـولا بَريقُـكَ فـي الأكـوانِ مَـا انطَفأَتْ
حَرائِـقُ الأرضِ؛ لانهَـارَتْ بِنَـا النَّحَلُ

لَـمْ يَعكِـس البَـحرُ أنهـاراً مُبَـعثَرَةً
لأنَّ وجهَـكَ فـيضٌ دافـقٌ هَـطِلُ

جُرحِـي يَطِيـبُ إذا أُسـمِعتُ سِـيرتَكُم
فَلَيـتَ أُبصِرُكُـم يَـوم انتَهَـى الأجـلُ

صَلَّـى عَلَيـكَ إِلَـهُ العَالَمِيـنَ، وَهَـا
سُـمِّيتُ بِاسـمكَ فِـي الدَّارَيـنِ، أبتَهِـلُ

مارس 2019م

مراودة

فَلْتَدخُلِـي البَيتَ، لا تَبكِي، ولا تَصِفِي
كُلُّ الـوُرُودِ على الشُّـبَّاكِ في غُرَفِي

خَبَّـأتُ أَجوبَـةَ العُشَّـاقِ في كُتُبِي
لا تَسـأَلِيني فَأَنـتِ الآنَ فِـي كَنَفِي

تَزَوَّدِي مِن رَحِيـقِ الحُبِّ، واختَزِني
لا وقتَ يَرجِـعُ للأحبَـابِ مِـن أَلِفِ

في لَحظَةِ العِشْقِ فوضَى العِشْقِ زِلْزَلَةٌ
تَثَـبَّتِي في قِوَى المَعشُوقِ، وارتَجِفِي

هَيَـا اتبَعِينِـي، يَـكَادُ الوقتُ يرسُمُنَا
على الوُقُوفِ، بِـرَبِّ اللَّيـلِ لا تَقِفِي

فَالبَيتُ يَسْـمَعُ أنَّـاتِ الهَـوى لَهفـاً
فَهَـلْ رَأَفْتِ على الأهْـوَاءِ، واللَّهَفِ؟

كُلُّ المَفَاتِيـحِ في عينيـكِ، نَاظِـرَةٌ
لا تَمسَـحي الدَّمعَ مِن خَدَّيكِ في كَتِفي

مَصَـرْتُ رِمْشَـكِ لا أبْغِي مُسَـاوَمَةً
وَهَلْ يُسَـاوِمُ غَرقَى الحُلْمِ بالصَّدَفِ؟

لِكَـي أُصِيبَكِ فِي حِسِّ الغَضَا جَسَـداً
إذا انحَرَفْتُ عَنِ المِضْمارِ، فانحَرِفي

سَيَأْكُلُ اللَّيْلُ ظِلَّيْنَا، وَيَنْسَخُنَا
وَلَنْ تَكُونَ لَنَا فَحْوَى لِمُكْتَشِفِ

أَنَا وَأَنْتِ قِطَارٌ، وَالرُّبَى شَجَرٌ
تَآكَلَتْ بَيْنَنَا الأَشْوَاقُ مِنْ شَغَفِ

مُسَافِرَانِ وُقُوفاً فِي تَحَرُّكِنَا
وَهَذِهِ آخِرُ الأَسْفَارِ لِلْهَدَفِ

تَمُرُّ مِنْ فَوْقِنَا الأَصْوَاتُ هَاتِفَةً
أَنِ ادْخُلُوا فِي حُصُونِ البَيْتِ كَالتُّحَفِ

تَخَلَّصُــوا مِن ثِيَــابِ اللَّيــلِ، وانزَلِقُوا

نَحْوَ الصَّفَاءِ، كَدَفْقِ المَاءِ فِي السَّرَفِ

نجْمَــانِ فــي أُفُــقٍ، واللَّيــلُ يَنثُرُنــا

مُعَرَّضَــانِ لِحَــرْقِ الشَّــمسِ، والتَّلَفِ

وَذَائِبَــانِ علــى أعْصَــابِ وَقفَتِنَــا

والنَّومُ يَضْرِبُ في الأرحَامِ، بالنُّطَفِ

نَظَــرتُ نَحوكِ، نَامَــتْ مُهْجَتِي خَدَراً

مِــن فرطِ مَا طَعَنَتْ عَيْنَاكِ كالكُشُــفِ

وَقَفْتِ يَا رَّبَّةَ الإلَهَـام فِـي كَبِـدِي

فَهَـلْ بِرَبِّـكِ مُنـذُ البَـدْءِ لَـمْ تَقِفِـي؟

فَمَـا شَـكَوتُ، ولكـن أَعيُنِي شَـربتْ

جِبـرَ الظَّلام مِن الأبوَاب، والشُّـرفِ

لَمَسـتُ كَفَّـكِ كَانـتْ مِثـلَ مَصِيَـدَةٍ

قَبَضْتِ في مِعْصَمِي عَطْفاً لِمُنْعَطِفِي

بَكَيتِ في آخِرِ الأوتارِ مِـن عَصَبِي

وهَـا دَمِـي نَوتَـةُ الألحَـانِ فَانعَزِفي

مارس 2017م - الدويم

رؤية حسية

ضَحِكَتْ عَلى وَجْهِ الهِـلَالِ النَّاعِسِ
فتَكَسَّـرتْ صُـورُ الظَّـلامِ الدَّامِـسِ

فَمَشَـى عَلـى مَهَـلٍ يُرَاقِـبُ خَطوَهَا
كَاللَّيـلِ يَرْفُـلُ في السُّـفُورِ المَائِسِ

قالَـت: لَمَحتُكَ دُونَ وَجْـهٍ في الهَوَى
كَالشَّـيبِ يَلمَعُ في (الشَّـلِيلِ) الغَالِسِ

لَـمْ يَنتَبِهْ، مِن وَجْهِهَا سَـقَطَ الشُّـعَاعُ
فأَغرَقَتْ بالنُّـورِ وَجْـهَ البَائِـسِ

يــا طِفلَــةَ القَلَــقِ الشَّــريدِ تَلَطَّفــي
مَا زِلتُ أَركُضُ فِي ظُنُونِ هَوَاجِسِــي

فَالسَّــيرُ نَحوكِ كَرْكَــرٌ فِي غَيْهَبِ
كَالسَّــيلِ نحـو غُـرُورِكِ المُتَقَاعِــس

إنْ تَنظُريهِ، المَاءُ يَضْرِبُ في خُطَاكِ
علــى المَسِــيلِ الحُــرِّ فوقَ اليَابــس

أَنـتِ الغِيَــابُ لِمَــا شَــهِدْتُ حُضُــورَهُ
وهَـوَاكِ يَزحَمُنِــي بِغيــرِ تَلامُــسِ

مِن أيـنَ أُمسِــكُ بالجِنَــاسِ وأنتِ لي
جِنسٌ يُقَابِلُنِــي بِوَجْــهِ تَجَانُسِــي

26 سبتمبر 2018م

قمر في الداخل

خلفَ النوافذِ سالَ الضوءُ فانكسرا
مـن خُصْلتيـكِ إلـى خَديـكِ منحدِرا

نحـو السَّتَائرِ فاصطَادَتْـهُ بَارقَةٌ
بيـن الأناملِ أَلْفَـى ثَغرَةً فسـرى

أنا مضيتُ وبـاقٍ فيكِ، مـا فَتِئَتْ
روحي تهـذِّبُ فيكِ الحُـزنَ والخَدَرا

فَلْتَرْفَعـي رأسَـكِ، الأنـوارُ عالقةٌ
بيـن الزُّجاجِ وبين الخَدِّ، كيف أرى؟

لا عُقـدةُ الشِّـعْرِ تُفشِـي سِـرَّ عُقدتِها
ولا النَّسيـمُ علــى طَيّاتِـهِ شَعَـرا

ضَـوءُ البَهَارِ على جنبيكِ يَفصِلُني
أكادُ أَسمَعُ مـن أصدائـهِ شَـرَرا

فاستأصلي الحُزنَ من أعصابِ ذاكرتي
كيما أُسَـدِّدَ في أغــوارِكِ النَّظـرا

وَلْتَهْجَعِـي، سَـكْرَةُ العُشَّـاقِ دمعتُهُم
كما لـ(دَوْقَلَ، دَعْدُ) أُسقِطَتْ سَكَرا

جَمْـرُ الصَّبَابَـةِ في وجدانِنـا عَطِبٌ
يَكَـادُ يُوقَدُ فيـه المـاءُ مَستعِرا

هـل يَستَحِمُّ دِنَانُ الوَجْـدِ في رمقي؟
كيمـا أَكَحَّـلَ في مِرآتِـكِ البَصَرا

أم يَستَقيمُ على وجدانِنـا بَطَـرٌ
يَستَنْشِـقُ الوحشةَ السَّـرَاءَ والسَّهَرا؟

والليـلُ أَصـدَقُ وَعدٍ مِـلْءَ واعدِهِ
للواقفيـنَ علـى أبـوابِـه زُمَـرَا

منـذُ افتَرَقْنَـا وغـابُ الليلِ مُوحِشَـةٌ
فالذَّنبُ ذنبي، لقد سَعَّرتُ لي سَـقَرا

من أيِّ بابٍ تُرى العُشَّـاقُ مَحْشَرُهُمْ
هل يُحشَرُ المَرْءُ مَعْ مَن يَشتَهي وَطَرَا؟

كوني الأنيسَ لِمَسـرَى الليلِ سَـاهِرةً
ليسـرقَ الكَونُ من عينيـكِ لي قمرا

مارس 2016م

الشاعرُ والنُّخْبَةُ

هـذا الضِّيَــاءُ غريبٌ فِـيَّ يَعتَـرِكُ
فهـل أحـدِّقُ فِـي مَـا فيـهِ أرتَبِكُ؟

وهـل أَقِيـسُ فضـاءَ اللهِ! كيـف يدي
تلـك النَّحيلَـةُ، ضَـوءٌ خلفَـهُ حَلَـكُ؟

ظنـنـتُ أنَّ حَيَاتـي شمعَةٌ قُذِفَتْ
في قـاعِ يَـمٍّ بـه النِّيـرَانُ تَشـتَبِكُ

وكنـتُ أُسْـدِلُ فـوق البَحـرِ أزمِنَـةً
زرقـاءَ، يَغـرَقُ في أمواجِهـا الفَلَكُ

هُنَـاكَ لُحـتُ لِمَـن شَـعَّتْ بَصَائِرُهُم

وَدَارَ حَولِيَ مِمَّـن فاتَهُـم نُسُكُ

أبصـرتُ فجراً ضَعيفاً في مَجرَّتِه

وبائسِـينَ عَـلا من بُؤسِـهِم ضَحِكُ

كيـف اهتدتْ لِيَ أَسْـلافٌ وقد عَمِيَتْ

وكَوكَـبُ الأرضِ لم تُخلَقْ به سِـكَكُ

كانـت دوائـرُ هـذا الكَـونِ راجِلَـةً

تَعَرَّقَتْ من خُطاها الشَّـمسُ والبِرَكُ

مـن حينِهـا أَضـرَمَ التاريخُ شُــعلَتَهُ
وقـد عَلا فـي ضَجيـج القَــادَةِ المَلِكُ

وكَشَّـفَ البَرقُ جُذرَانَ العَمَا ومَضَى
وقـد تَخَثَّـرَ فـوق الأعيُـنِ الشَّـبَكُ

طَـارَتْ هَيَاكِلُ أَطيَافِ الرُّؤى شُـهُباً
والليـلُ عِطـرٌ بـه الأضـواءُ تَنعَتِكُ

كَلَّمتُـهُ فقضـى فـي أمرِهِـم وَمَضى
إلـى الجِهَـاتِ، ووحدي كنـتُ أَمتَلِكُ

كَفّاً سـتَحمِلُ هـذا الكَونَ في طَرَفٍ
وأصـرفُ الضُّرَّ عنهم حين يَشـتَبِكُ

نظرتُهـم وعُيُـونُ الأرضِ فائِرَةٌ
ومَسَّـهُم من شُـعُورِ الخَيبَـةِ الضَّنَكُ

رَفَعْتُ لله كَفّـاً حِيـنَ أرهَقَهُـم
هـذا الضِّيَاءُ، فَلَبَّى عُسْـرَ من وُعِكُوا

والصَّادقُـون كمـالُ الله أنجَدَهُـم
وحَلَّقُوا كالرِّضا في الرُّوحِ، إذ تُرِكُوا

وكانـتِ الشَّـمسُ ألقَـتْ فوقَهُـم جَبَلاً
مِن الضِّيـاءِ، تَـرَاءَوْا فيـه فارتَبَكُوا

دُمُوعُهُـم كالصُّخُورِ المُلْسِ تَشـرَبُهُم
غَزيـرَةٌ كَهُطُـول الليـلِ تَنسَـفِكُ

تركتُهـم وجَمَعـتُ الدَّمـعَ في شَـفَقٍ
وصَمتُهُم وكلامي والضِّيا اشتَرَكُوا

أدركـتُ أنَّ غيابـي عنهمُـو نَـدَمٌ
وهـم غِيَـابٌ إذا وجَّهتُهُـم سَـلَكُوا

مايو 2021م

زورق المأوى

لاحتْ بُرُوقُ الغيبِ في أحلامي
وتكَشَّـفتْ لمَّا اسـتويتِ أمامي

فتقطَّرتْ مــن مقلتيـكِ غَمامةٌ
أوحَـتْ إلَيَّ بِمشْـهَدِ الإضـرَام

أنَّ التِقَـاءَكِ بالوجُـودِ قَدَاسَـةٌ
وقَدَاسَـةُ المَوْلـى هنـا قُدَّامي

فأنا كِتَابُكِ والقَصَائدُ مصدري
وأنا دَاوَتُـكِ والحَصى أقلَامي

خُطِّي بِأقلامي؛ فَرُوحُكِ أحرُفي
وجَميعُ من نَطَقُوكِ من أنسَامي

خَرجُوا عَبيراً والتقَوكِ بـعَالَمِي

فَغَـدَوا بِرَوْحِ الحَرفِ كالأرقَامِ

من كُلِّ سـاريَةٍ أتـوكِ بِوَمْضَةٍ

ودليلُهُـمْ فَـوقَ العَمَـى إقدَامي

لكأنَّـكِ المَبعُوثُ في إسـلامِهِم

لولا اتخَاذُكِ في الوَرى إسلامي

فأنَـا أقُـودُكِ والمَلائِـكُ تـارةً

وأنا تَسِـيرُ على الهـوا أقدَامي

هاتي يَدَيْكِ، تَتُوقُني أشـواقُها
وعلـى جَبينِـك ذُروَةُ الإحرامِ

منها يَطـلُّ العاشِـقُونَ لينتهوا
ويَذُوبُ في يَدِكِ العَتِيُّ السَّامي

ويَخِرُّ من نَسَـمِ العَبيرِ مُسـافرٌ
لِيَمَـسَّ كَفَّـكِ مسَّـةَ الهِندامِ

ليـلٌ يَهِيْمُ مـع الفـراغِ كطَائرٍ
كُسِـرَ الجَنَاحُ وقلبُـهُ كالظامي

لمَّا رآكِ على الجِنَانِ مَليكَةً
شَــرِبَ الحيَــاءَ وهَــامَ الآكامِ

نـورٌ يَصِيــحُ، وزامـرٌ متألـمٌ
ومدائــنٌ تبكــي بُـكا الأيتــامِ

جزءٌ طَـريٌّ قد تَسَلَّلَ في الرَّدَى
ليــراكِ فيــه كَــسائرِ الأيَّــامِ

أنا قائــدٌ، والكونُ قَبْضَةُ مالكي
فَرَسِي الدُّهورُ، النَّائباتُ لجامي

والقاعدونَ على سـفائنِ موتِهم
تَرَكُـوا البِحَارَ بزورقي لتنامي

سَقَرٌ تَشِـيخُ إذا مَرَرْتِ بِلاهِبٍ
هـل ثَـمَّ بَحْـرٌ سـائرٌ بعِظامِ؟

يـا أَيُّها المَلأُ المسـافرُ كالنَّدى
جِـدُّوا سيـوفَ الصَّبـرِ للعَدَّامِ

فحبيبتي مَطَـرٌ يُضَمِّدُ جُرْحَكم
وحبيبتي أسرى بسجنٍ غرامي

15 ديسمبر 2014م

على الأثر

لَمْ أَلْقَ في شَجرِ الأسى «نيرودا»
مُذ كنتُ أغزلُ في القَصائدِ عُودَا

كَمْ كانَ يَشغَلُني اضطرابُ قصائدي
حتَّى انتهيتُ إلى السَّرابِ وحِيدَا

فَنَظرتُ في الأحقابِ، ثَمَّتَ واهنٌ
غيـري، يُعلِّقُ في الضَّبابِ خُلُودَا

يَمشِـي وَرَاءَ الكَـربِ، يُجهِدُ خطوَهُ
ليتَ الـظَّـلامَ يُـريبُهُ؛ ليَعَـودَا

أحتَـاجُ وَشْـماً في الغُـروبِ يَدُلُّني
أنَّ الصَّـبـاحَ سَـيَنتَهي لِـيَـزيدَا

«بِـأَبـي المُحَسَّـدِ» شَـارَتي مَطويَّةٌ
وقصائـدي وَعْـلٌ تَـوَارَدَ؛ صِيْـدَا

شَمسَـانِ خَلفِـي والغُـرُوبُ مُشَـرَّدٌ
وَحَـلٌّ يُـسَـافِرُ في السَّـمَاءِ جَلِيـدَا

تَـتَـلَكَّـأُ القَـدمُ الجَـدِيدَةُ مِثلَمَا
يقَـعُ الخِطَـابُ على السَّماعِ جَدِيدَا

أَسْـرَفْتُ فــي شَــرَكِ الـكَلامِ فَخِلْتُني
قَمَــراً يُـسَــابِقُ فِضّـةً لِيَـسُــودَا

لَكِنَّنِي وَجِلٌ طَمَسـتُ قَصَائِـدِي
فَجَعَلْـتُ أَثْقُـبُ في السَّـراب قُـدُودَا

أَدرَكـتُ شِــعراً في صَلاةٍ حُجَّـةٍ
لَكِـنَّ شَــاعِرَهُ أَضَــاعَ نُقُــودَا

وأَطَلْـتُ في أُفُـقِ الصَّـلاةِ تَخَيُّلِـي
فَـرَأيـتُ كَوناً شَاسِـعاً وقُيُـودَا

فَمَشَيتُ في فَلَـواتِـهِ مُـتَـصَـيِّداً
وَعْـلَ القَصَائِـدِ، والظُّبَـا، والغِيـدَا

وحـدِي شِـهابٌ في سَـمَاءٍ فِضَّـةٍ
حَتَّى لَمَحتُ على العَمى «محمودا»

يَسـتَاكُ بالنَّغَـمِ الحَزيـنِ وبِركَـةٌ
ألقَـتْ بِجَانِبِـهِ الصَّـدى والعُـودَا

ديسمبر 2018م

ليلى

لليلى أرشفُ الكلماتِ رَشْفا
لتُوصَفَ بي إذا غَادَرتُ نِصفا

لها حِيَلٌ إذا قَصَدَتْ لقائي
تَحَارُ لها عُيُونُ الشِّعرِ وصفا

تُكَلِّمني عـن الشَّـهَوَاتِ قصداً
ولـم أعـثـرْ لها في الفعـلِ حَتْفا

رأيتُ بها جِبَـالاً فـي تَنَـامٍ
ووادٍ غَـارقٍ في المَـاءِ جَفَّا

كَأَنَّ شَقَائِقَ النُّعْمَانِ فيهـا
ولكنَّ الـحَيَـاءَ بها تَخَفَّى

وليلـى صَادَفَتْنِـي في فَضَـاءٍ
كِلانـا نَطلُـبُ الأنسَـامَ لُطفـا

ولامَسَـنَا شِـتَاءُ الحِـسِّ طيفـاً
ولـم نَلمِسْ لـه في الأصـلِ كَفَّا

تَقُـولُ وقد أَشَـاحَتْ عن رِدَاءٍ:
فهل أمشِــي إلــى فَحْوَاهُ كَشـفا!

فأنظـرُ لا أرى غيـري وَلِيّـاً
ومُذْ نَظَرَتْ إليّ غَضَضتُ طَرفا

فـإنْ تَهَبـي حَنينَـكِ لـي فَلُطفـاً
بنَفسِـكِ قد يكونُ الليـلُ أصفى

وقولـي: لم يَكُنْ في البالِ شَـيءٌ
ولكـنَّ الشِّـتَاءَ بِنَـا تَدَفَّـى

سَأمحو عن خُطُوطِ الليلِ وجهي
لأرسـمَ وَجهَكِ المهمـومَ صِرْفا

سـأكتبُ في الوَمِيضِ إليكِ وحياً
إذا اقتـربَ الشِّـتَاءُ إليـكِ زُلْفى

وللمطـرِ المُخَبَّئِ سـالَ شـوقي
ولـمْ تَخِـبِ الزِّرَاعةُ حيـن وَفَّى

فَلَيْـلاي التـي خَرَجَـتْ كَسَـيفٍ
تُفـارِقُ وَمْضَها الظُّلُمَاتُ خَسْـفا

إذا ابتسـمَ الصَّباحُ أصيرُ أعشى
فإنْ أبصرتُ وجهَكَ سوف أُشفى

وأكتـبُ عنـكِ لا حُجُبٌ بعقلي
ولكـن القَصـائدَ لا تُـوَفَّى

فلا شـعري علـى نَسَـق حَدِيثٍ
وَلَـمْ أذكُـرْكِ فـي الكَلِـمِ المُقَفَّى

يوليو 2020م

لثمتان

سَـرَى لوجهِكِ ليلاً، غَابَ أو هَلا
فلن يَعُـودَ كَظِـلٍّ عانقَ الظِّلا

وقَلبُـهُ رَعشَــةُ الخَيبـاتِ تَنهَشُـهُ
لكنَّه غَـالَـبَ الآمَـالَ إذ وَلَّى

وصَـارَ يبنـي خَيَـالاً في تَخَيُّلِهِ
فظنَّهُ إذ رَأى إتـقَانَـهُ الأصْـلا

دنـا إليـهِ كفيفـاً كـي يُقَبِّلَـهُ
ما كان أعمى، عَذُولاً طالباً وَصْلا

بلَثْمَةٍ في شِـفَاهِ الحُلـم ضَائِعَةٍ
رأى الخُلُودَ عَسِيراً طَاعِناً كَهلا

وخلفَـهُ نَجمَـةٌ صَفْـرَاءُ خَاشِـعَةٌ
لكنَّها تَعبُدُ الأوهَــامَ والـذُّلا

بَكَى عليهـا كثيـراً ثُـمَّ أَكبَرَهَـا
لأنَّـه لَمْ يَجِدْ في عينِها الكُحْلا

فقال فـي نَفسِـهِ... صَدَّتـهُ قائِلَةٌ:
ما كان منكَ شَبِيهٌ بالذي أُصلَى

أَطَالَ في اللَّثمةِ الأخرى على أَمَلٍ
يرى احتمالَ قَتيلٍ فَارقَ القَتْلى

وظَلَّ يَشـخصُ بحثاً عـن طُفُولَتِهِ
والنَّفْسُ تَطمِسُ في أَعمَاقِهِ الطَّفلا

ورُوحُـهُ قطـرةٌ فـي المـاءِ ذائبةٌ
والماءُ جفَّ على الأرواحِ وابتلَّ

أَمَاطَهَا من يَبَاسِ العُمرِ فاحتَرَقَتْ
لكنَّها لَمْ تَزَلْ في الخَافقِ الثَّكْلَى

فحَــارَ مُذْ عَرَّ في الإيمَــانِ حَيْرَتَهُ
فكيفَ يَرجِعُ نحو القِبْلَةِ الأُوْلى؟

وظَلَّ في وحشــةِ الأنفاسِ مُحتَبساً
روحاً تُجَرجِرُ في أوحَالِها الوَحْلا

وقَلْبُــهُ غَــبَّ في أيَّــام عَطشَــتِهِ
حتى تَثَقَّبَ منه الهامشُ الأعلى

لــو كانَ قَبــلَ أَوَانِ الحُبِّ أَجلَسَــهُ
بعضُ الحَيَاءِ، لَعَاشَ الآنَ مُختَلا

مايو 2020م

من أغاني الهمس إلى بلاد الشمس

نُفِيتُ عَنهَا، قَرِيبٌ حَيـثُ أَغتَرِبُ
وجَمرَةُ الشَّـوقِ في الأحشَاءِ تَنسَكِبُ

وسَـائِلي عن بِلادِ الشَّـمسِ كَانَ دَمِي
وأنَّـهُ في شُـقُوقِ الأرضِ يُحتَلَـبُ

وكُلَّمـا نَـزَّ في شَقِّ البِـلادِ نَمَـتْ
أَزَاهِـرُ الحُـبِّ، والأطفالُ قـد وثَبُوا!

وعَلَّقُـوا في جِـدَارِ الصَّمـتِ أُحجِيَةً
كَأَنَّهـا مُنـذُ عَهـدِ النُّـورِ تُرتَقَـبُ

وَالتَّائِهُونَ رَمَاداً خَلْفَ رَأْفَتِهِمْ
تَرُدُّهُمْ مِنْ مَنَافِي الغُربَةِ الشُّهُبُ

وكُلَّمَا مَرَّ جَمعٌ أَرسَلُوا سِنَةً
مِنَ النُّعَاسِ، عَلَى أَهدَابِ مَن ذَهَبُوا

لِيَغسِلُوا مِنْ ثَرَاهَا جُرحَ وحشَتِهِمْ
والنَّهرُ يُدمِلُ جُرحـاً حَيثُمَا شَرِبُوا

ضَرِيبَةُ الحُبِّ لِلأوطَانِ أَنَّ دَمـاً
أُرِيـقَ عَمداً سَـتَنمُو مِنـهُ ذِي الحِقَبُ

وتَلتَقِـي فِـي زَوَايَـا الرِّيـحِ أُغنِيَـةٌ
بِسَـاهِرٍ مِـن صَـدَى أَشـوَاقِه التَّعَبُ

يَطِيـرُ نَحـوَ جِهَـاتٍ لا جِهَـاتَ لَهَـا
إلّا الْحَنِيـنَ بحضْنِ الطَّـرفِ يَنتَحِبُ

إن تَطلُبُـوا فـي صَلاتِ البِـرِّ مَعذِرَةً
سـتَخْتَفِي عَن هُـدَى أَحدَاقِنَـا الحُجُبُ

غَنَّـتْ لأرصِفَـةِ الأشـوَاقِ قَافِيَتِـي
والحَرفُ تَرقُـصُ مِن إثمالِـه الكُتُبُ

والليَّلُ يَشـرَبُ دَمعِـي مِـلْءَ طَاقَتِه
في جُنحِهِ ألحُبُّ أم في صَمتِهِ الغَضَبُ؟

أم جَـالَ فَـوقَ ذَوَاتِـي الضَّائِعَـاتِ
ومَا تَبَصَّرَ الدَّربَ؛ حَتَّى رَدَّهُ العَجَبُ!

غَسَّلتُ في تُربَةِ (السُّودَان) جُمجُمَتي
مُذ أَيْنَعَتْ مِن نَدَى أَسـلافِيَ السُّـحُبُ

لَمْ أرتَكِبْ مِن خَطَايَا العُمرَ غَيرَ هَوىً
أَذَهبتُـهُ فِـي سِـوَاهَا، حِيـنَ أنتَحِـبُ

مَا أَتعَسَ العُمرَ، لَـمْ أَشـرَبْ لَذاذَتَهُ
في حِضنِهَا، مُذ نَفَتِني بِالأسى الكُرَبُ

أَنّى أَعُودُ، ودَربِي فِي الغُرُوبِ عَمَى؟
وحِصَّتِـي مِن كِتَـابِ الحُبِّ تُستَلَبُ

أَبِيـعُ عُمْري وأَشْـري مِنهُ لِـي طُرُقاً
لَعَلّنِـي مِـن بَقَايَـا الـرُّوحِ أَقتَـرِبُ

أبريل 2019م

في الطريق إلى (مَرُون) الجارية

أعلِّـقُ فِكري فوقَ سـطح الرَّواسِـب
لأجنـي قليلاً مـن شُـمُوس الكَواكِب

وَأسـألُ نَفسِي: مَن سَـيَلَحَقُ بِي غداً؟
ومَن سوف يُلقِي النَّهرَ بين القَوَارِب؟

أمـرُّ بجسـرِ النَّـارِ فلـكاً مُعطَّـلاً
كَمنْ مرَّ في جِسـرِ الصِّـراطِ بسَاجِب

علـى كُلِّ أرضٍ ما... أرانـي مُجَنِّحاً
وسـبعُ سَـمَـاواتٍ بِعُمـرِ العَواقِب

أمُـرُّ بهـا طِفـلاً غَريبـاً مُحمَّـلاً
بأعبـاءِ أسـلافي وشَـطحِ المَذَاهِـب

غَنـيٌّ بمـا أجنِـي، وثَمَّـتَ رَاهِـبٌ
يُكلِّمُنـي عـن نفسِـهِ غيـرَ راهـب

يقُـولُ وفـي عَينَيـهِ صَخـرٌ مُفتَّـتٌ:
عَبَـدتُ سنيناً لَـمْ تَقُدنـي لِوَاهِبـي

وكنـتُ إذا ألقـى الحِسـانَ بعُزلتـي
أصيـرُ نَدِيـمَ الحُسـنِ بيـنَ الكَواعِب

وألقى على النَّأي الشَّـرُودِ مَخاوِفي

رَبيعيَّـةً تمشـي إلى قَصـرِ قَاصِبِ

أَمَـا كان يَكفـي أنْ تَصيـرَ حَمَامَةً

تُصـدِّقُ أقلاماً وتبكـي لكاتـبِ؟

تَجَاهلتُـهُ قـد كان شـيخاً مُعَقَّـداً

كحُـبِّ فَتَـاةٍ فـي العُصـورِ الكَواذبِ

ولِي في ضميري إنْ سَـجَا اللَّيْلُ إبرَةٌ

أردُّ بهـا خوفي بِطَعـنِ المَصَاعِـبِ

فأملؤُني فخـراً، ومــا كنتُ شــاعراً
أَنـوبُ لنفسـي منـذُ أَنْ كُنـتُ نائبـي

عنائي صَفاءُ النَّهـرِ، واليومُ عاصفٌ
كلحظـةِ صُوفـيٍّ، تَنَبَّـى بِغائـب

أَلَـمْ يَـكُ ذا اليـومُ الـذي كاد يرتمي
بحضني كـ(مَرُّونَ) التي في سحائبي

فـلا أنـتَ تلقاهـا، ولا الليـلُ قـاربٌ

يجـرُّ نسـيماً مـن شـذاها لقاربـي

كنـاسِيَـة الأيَّـام يَـرتَـدُّ ذكـرهـا

علينا، كما ارتدَّتْ صُـرُوفُ النَّوائِب

فبراير 2021م

الفهرس